Mantras von der Bewusstseins-Ebene Luijeina

Autor: Rosemarie Eichmüller

Die Deutsche Nationalbibliothek verzeichnet diese Publikation in der Deutschen Nationalbibliografie- detaillierte bibliografische Daten über http://www.d-nb.de im Internet abrufbar.

Impressum

Autor: Rosemarie Eichmüller

Homepage: lebenswegbegleiterin.de

Titel: Mantras von der Bewusstseins-Ebene Luijeina

Alle Rechte vorbehalten

Herstellung und Verlag: BoD – Books on Demand, Norderstedt

ISBN: 9783756844111

Vorwort

Die Energie der Bewusstseins-Ebene Luijeina besteht aus allen Farben des Universums.

Deshalb auch das wunderschöne bunte Buchcover.

Jeder Mensch leuchtet in verschiedenen Farben, die Aura.

Die Wesenheit Aschtra übermittelte mir Mantras aus der Bewusstseins-Ebene Luijeina.

Das Sprechen aktiviert ihre Farben und lässt sie strahlen und leuchten, bis weit ins Universum.

Die Farben der Aura können uns Menschen untersützen und uns bei unserer Entwicklung helfen.

Deshalb sind diese einzigartigen Mantras wichtig, da sie die Menschen auf die Bewusstseins-Ebene der Farben führt.

Lassen sie alle ihre wundervollen Farben strahlen, seien sie das Licht, dass sie in Wahrheit sind.

Inhalt

Mantras aus der Bewusstseins-Ebene Luijeina.

Es gibt keine Anleitung oder Beschreibung.

Die Mantras aktivieren nur das, was in Ihnen ist.

Das, was Ihnen dienlich für ihre Entwicklung ist.

Die Mantras sprechen verschiedene Bereiche mit ihren Farben und die dazugehörigen Themen in Ihnen an.

Sie entscheiden was sie bereit sind wahrzunehmen, anzunehmen oder loszulassen.

Leitei sarmir tu wa

tolo siena dakena dierlo

mia sultena deimei

koo sru tia wa no fero

Trikalischta domein sier

ubero fementa dola

watarnamie ilesotro

kumenei sajeva su

dolmeno tieasamie

latoma seru mitra dowei

ewakaltra nomenu

jawe sie tuta gartro

peroschienma drokaltrei

oweseila diema notu

Siena mi tola srumenta

tieralo kaltera sru

homenzera dawei

leberuto mia sowa

kalenumertra to kalenumertra

Owetumerto diermanei

faltera sie

gartulo mia wasa

mirto sienamie mirto

komo sa komo tiamo

Tarami solveig do la

miraflorta siena muchena

tolkane derolie

gartei sierawe gartei

Omenu dakuria somen

fereschieleima

watera srie watera domen

slihalta diero mia wuten

uwe sie nata diero

Schieleika sri jewa nu

komo sa wa

tiero latar ser

bucheitra diemonika sa

lowenta dier sriekanta nu

Trokena miraslo dawei

zentierka nowercha moi

uwesrie peroleikscha

dowe schuka dowe

Meiteila nie sumerta sie

uberia neikeilaschie

sumunata dierjewa

ochentra sie

numerko lawa

Achera satra mutanta

dowei fumento fumei

oleschie gireije mui sa

tola berina seikeila nu

Berucha tierana domain

sru tara sru mioka

rowerscha jewei

techonie kalermo su

mia wa srowenta na

Meiteika siena mie

gowerschla wochuma

lawa uwesroi lawa

numerkla droschielema

dowa schune dowa

Sawa dieroi sawa

utra dier noerja

leimiena tue rukla gutra

raschuwe fenomer diewu

owe sru mia berkla

Imaniersu kanenta lowe

sruneije farschukla tolvei

jowercho suemierto dola

tarenmur ikaleschta

werokeima buchtrokla sur

Zarenschu furioka dormain

chuchiele so ma tu

dole raschiermu dowei

perolienera ser dawa

solokaltena troberia nume

Weolinkar humanero sriejeiwa

Dawa siero dawa

fuchator manogarkel

leichachto leichachto su

rechierbo siena uwena

Trawenkur dieamie

buscherlimo lawaser

watengrie dmenu

sier wa ta komosa

Wamasa tue sola

miro tavina hukantra sie

ochemutata berolinza tue

ferokaleima sierajeka sru

lama sa lama

Parschoka dia wamuta

do la gowentu dola

rimeinu diasonei

weschielma diokei

tutenu ewaschrie

Zaralia miutangena no

tierosra dominka da

uweschroja neilei dier neilei

komosa wa trakena da

mia sowa mia tola

Wukala sriemein dogar

ameniesa haltera srie

nujekla diomutata dei

omesu weschkra

bawei schowentu barei

Liemasanto tumenika delgar

rafurgo srie jewei

opukaltena uchera domer

dowenta sie numeria sa wa

do la kamtra su do la

keimansero matraweriekar

ewochutra gursaminar

trotera srie nu wa kemein

schukala dieronisa mir

uwe sie rokateroi

Awesu mia wa

awe su kalteru ma dowei

jewa berochutra sie

oleman trawenchu dierola

meintei zuwenie meitei

Komentierso drukala natu

ewoliema sie dowe

surkala srie mutata noi

wasa nochero wata

jaweschre jaweschre

Ihr wundervollen Lichter in mir und
um mich herum.

Ich danke euch für Eure Liebe und
Euere Lichtenergie.

Ich weiß, manchmal nehme ich euch
nicht wahr und spüre euch nicht.

Das Leben ist manchmal nicht so
einfach.

Meine Wahrnehmung ist dann auf den
Themen, die mich gerade beschäftigen

und manchmal auch sehr belasten.

Ich höre euch sagen, ihr wunderbaren bunten Lichter, gerade dann, du wunderschönes Lichtwesen, würden wir dich in unser Licht einhüllen, um dich zu unterstützen.

Ich danke euch von Herzen und werde mit den einzigartigen Mantras von der Wesenheit Aschtra mich mit euch verbinden.

Ich bedanke mich auch bei ihr,
Aschtra, Wesenheit von der
Bewusstseins-Ebene Luijeina, für ihre
Mantras.

Liebe Menschheitsfamilie ich schenke
euch meine Botschaften des
Lichts und der Liebe
Fühlt euch eingehüllt in
das Licht der Farben.